# LOIS FRANÇAISES
# A PORTÉE DE TOUS

# CODE DU MARIAGE

Conditions du mariage.

Consentements. - Mineurs. - Actes respectueux.

Existence d'un premier mariage.

L'Enfant naturel. -- Parenté. -- Alliance.

Empêchements et oppositions.

Célébration du mariage.

Formalités. -- Publications -- Dispenses.

Promesses de mariage.

Dissolution du mariage. - Cérémonie religieuse.



"ÉDITIONS & LIBRAIRIE"
40, Rue de Seine, 40
PARIS

Prix : 0.75

# MARIAGE

### DÉFINITION

Portalis, et après lui, la plupart des jurisconsultes ont défini le mariage : « La société de l'homme et de la femme qui s'unissent pour perpétuer leur espèce, pour s'aider, par des secours mutuels, à porter le poids de la vie, et pour partager leur commune destinée. » Cette définition est plutôt philosophique que légale ou grammaticale. Au reste nous ne nous arrêterons pas à la discuter. Bornons-nous à faire remarquer, en passant, que la propagation de l'espèce n'est pas absolument essentielle à la validité du mariage. Ainsi est parfaitement valable le mariage contracté par un octogénaire qui ne se leurre pas, sans doute, de l'illusion d'avoir des enfants. Est-il encore valide, au moins dans le droit actuel, ce mariage célébré à l'article de la mort d'un des conjoints, vulgairement appelé *mariage in extremis*. Une déclaration de 1639 l'avait prohibé comme suspect de captation, mais les rédacteurs du Code ont été, à bon droit, d'un avis contraire.

### CONDITIONS DU MARIAGE

D'après le Code civil (art. 144 et suivants) les qualités et conditions requises pour pouvoir contracter mariage résident dans le sexe, l'âge, le consentement, l'absence de tout autre mariage et de parenté et le consentement des ascendants ou de la famille; nous allons les étudier.

## SEXE-IMPUISSANCE

La condition du sexe n'est pas formellement inscrite dans la loi, peut-être parce qu'elle va de soi, mais nous pouvons la tirer de l'article 144 ainsi conçu : L'*homme* avant dix-huit ans révolus, la *femme* avant quinze ans révolus ne peuvent contracter mariage. Il faut donc être homme, il faut donc être femme dans l'acception totale et physiologique de ces deux mots, sans quoi le mariage serait nul ou inexistant. En pareille occurrence ce sera au demandeur à faire la preuve de l'insexualité de son conjoint; le tribunal appréciera, souverainement, en fait et en droit, s'il doit maintenir ou annuler le mariage.

Faut-il dire la même chose, s'il y avait impuissance? Sur ce point, comme sur le précédent, les avis sont les mêmes. Considérons cependant que l'impuissance est moins facile à prouver que l'absence de sexe. L'expertise, qui peut être ordonnée par le tribunal et confiée à des médecins légistes, est des plus délicates. Pourrait-on, au reste, à défaut de consentement employer la contrainte pour réaliser l'expertise ? L'opinion est pour la négative ; les juges éclaireront leur religion par les documents et les circonstances du procès et, faute d'une preuve suffisante, maintiendront le mariage.

## AGE

L'homme avant dix-huit ans et la femme avant quinze ans révolus, ne peuvent contracter mariage. Néanmoins, il est loisible au Président de la République d'accorder des dispenses d'âge pour des motifs graves : l'obtention de moyens d'existence, la facilité de mettre ses mœurs à l'abri des dangers qu'elles courent, et surtout la grossesse de la femme sont les causes les plus fréquemment invoquées. Mais, à moins de circonstances extraordinaires et sauf le cas de grossesse, il est d'usage de ne pas abaisser la limite d'âge de plus d'un an. Les étrangers, qui se marient en France, sont soumis à la nécessité d'obtenir des dispenses, quand même les lois de leur pays ne leur imposeraient pas cette obligation.

Les pièces à produire pour former la demande de dispenses sont : 1° une supplique adressée par les futurs époux au Président de la République; 2° leurs actes de naissance; 3° un certificat du médecin quand la femme est enceinte ; 4° des certificats d'indigence ; 5° l'autorisation de l'autorité militaire quand il y a lieu; 6° les dispenses à lui accordées par son gouvernement si l'un des futurs est étranger.

Toutes ces pièces, sauf l'autorisation militaire doivent être rédigées sur papier timbré, à moins d'indigence. Les signatures doivent, en général, être légalisées par le maire.

Le plus souvent le dossier est laissé à la mairie et, par elle, transmis au procureur de la République de l'arrondissement dans lequel l'impétrant a son domicile. Il donne son avis et envoie les pièces au ministère de la Justice lequel les lui retourne avec la réponse qui y a été faite.

Si elle est favorable, l'arrêté portant dispense d'âge est enregistré au greffe du tribunal civil de l'arrondissement dans lequel, cette fois, le mariage sera célébré et une expédition de cet arrêté demeure annexé à l'acte de célébration. De toutes façons, une fois les pièces déposées à la mairie, le futur conjoint n'a plus à s'occuper de sa demande.

Si, pour cause d'indigence, les pièces étaient sur papier libre, le maire délivrerait un certificat d'indigence qui serait joint au dossier.

Il est perçu sur les dispenses d'âge pour mariage un droit total d'environ 180 francs, mais il peut-être, en tout ou en partie, remis aux indigents.

## CONSENTEMENT DES DEUX ÉPOUX

Il n'y a pas de mariage lorsqu'il n'y a point de consentement, dit le Code, et ce consentement ne peut pas être donné par ceux que la loi a déclarés incapables de contracter : les mineurs et les interdits pour cause de démence, d'imbécillité ou de fureur.

Les prodigues et les faibles d'esprit, pourvus d'un conseil judiciaire peuvent se marier sans assistance, mais il leur faut le concours de leur conseil judiciaire pour conclure leurs contrats de mariage, s'ils veulent en rédiger.

L'interdiction pour cause d'imbécillité, démence ou fureur fait-elle obstacle au mariage conformément à l'article 502 Code civil qui déclare nuls, de droit, tous actes passés par l'interdit postérieurement au jugement d'interdiction? Non, semblent répondre la doctrine et la jurisprudence. La Cour de cassation a décidé que l'article précité n'est pas applicable en la matière et qu'un interdit peut se marier pendant un intervalle lucide, dûment constaté, avec le consentement de son tuteur et du conseil de famille et sur l'avis conforme du procureur de la République. Sauf ces réserves, l'interdiction serait un empêchement au mariage.

Pour des raisons identiques le consentement donné par un imbécile, dément ou furieux, qui ne serait pas interdit, demeurerait sans valeur et le fait prouvé en justice, donnerait lieu à l'annulation du mariage contracté.

Le consentement des sourds-muets et des aveugles a été longtemps contesté, mais, aujourd'hui, il est admis et rend le mariage très possible. Voici ce qu'enseigne la doctrine sur ce point. L'officier de l'état civil devra s'assurer que le sourd-muet, ou l'aveugle, comprend le caractère et les effets du mariage et veut effectivement le contracter; en cas de doute, il devra se refuser à la célébration du mariage et renvoyer la solution de la question au tribunal. L'actuelle instruction des aveugles et sourds-muets leur permet très facilement, du reste, de prouver un consentement valable.

Le consentement requis par la loi doit, non seulement émaner d'une personne capable de s'engager, mais, en outre, n'être vicié ni par violence ni par erreur.

Il y a encore une série de consentements qui, même donnés, sont discutables ou nuls. Ce sera aux personnes proposant cette cause, de prouver leurs dires. Ainsi on pourra, dans certains cas, dénier toute valeur à un consentement qui émanerait d'un individu sénile, ivre, infirme, gâteux, etc.

### INTERVENTION DE LA FAMILLE — MINEURS

Les futurs époux filles ou garçons, âgés de moins de vingt et un ans accomplis ne peuvent se marier sans le consentement familial.

Spécialement, ils doivent avoir l'autorisation de leur père et de leur mère.

En cas de dissentiment entre ces deux ascendants et s'il n'y a divorce ni séparation de corps, le consentement du père suffit, mais est indispensable. Si le dissentiment est entre des parents divorcés ou séparés de corps, le consentement de celui des deux époux au profit duquel le divorce ou la séparation aura été prononcé et qui a la garde de l'enfant suffira. Faute de réunir ces deux conditions, celui des père et mère qui consentira au mariage pourra citer l'autre devant le tribunal de première instance siégeant en chambre du conseil; le tribunal compétent sera celui du domicile de la personne qui a la garde de l'enfant; il statuera en audience publique et en dernier ressort.

Si l'un d'eux était mort ou dans l'impossibilité de manifester sa volonté par maladie, absence, etc. le consentement de l'autre suffirait. On assimile à l'ascendant dans l'impossibilité de manifester sa volonté, l'ascendant subissant la peine de la rélégation ou maintenu aux colonies en conformité de la loi du 30 mai 1854 sur les travaux forcés. Toutefois, les futurs époux ont le droit de solliciter et de produire à l'officier de l'état civil le consentement donné par cet ascendant. Comme ces pièces doivent être lues au cours de la cérémonie à la mairie devant les parties et leurs témoins, mais non obligatoirement devant le public, la lecture en pourra être faite en petit comité hors de la salle commune.

Si le père et la mère sont morts ou s'ils sont dans l'impossibilité de manifester leur volonté, les aïeuls et aïeules, ou bisaïeules à défaut des premiers, les remplacent. S'il y a dissentiment entre l'aïeul et l'aïeule de la même ligne, il suffit du consentement de l'aïeul; s'il y a dissentiment entre les deux lignes, ce partage emportera consentement.

S'il n'y a ni père ni mère ni aïeuls ni aïeules, ou s'ils se trouvent tous dans l'impossibilité de manifester leur volonté, les fils et filles mineurs de vingt et un ans révolus devront encore pour se marier, obtenir le consentement du conseil de famille, soit qu'il fonctionne déjà, soit qu'on en organise un pour la circonstance.

Evidemment les enfants auront à faire la preuve soit du décès, soit de l'impossibilité de manifester la volonté quand ils exciperont de ces deux cas. L'infirmité : aliénation mentale, etc., se prouve par un certificat sur papier timbré, etc. En cas d'absence il sera passé outre à la célébration du mariage en représentant le jugement qui aurait été rendu pour déclarer l'absence, ou, à défaut de ce jugement, celui qui aurait ordonné l'enquête, ou, s'il n'y a point encore eu de jugement, un acte de notoriété délivré par le juge de paix du lieu ou les père et mère ont eu leur dernier domicile connu sur la déclaration de quatre témoins.

Le décès se prouve par les actes dressés à cette occasion; il n'est pas nécessaire de produire les actes de décès des pères et mères des futurs mariés lorsque les aïeuls ou aïeules, pour la branche à laquelle ils appartiennent, attestent ce décès; et, dans ce cas, il doit être fait mention de leur attestation sur l'acte de mariage.

A défaut de cette attestation, il sera procédé à la célébration du mariage des majeurs, sur leurs déclarations et serment que le lieu du décès et celui du dernier domicile de leurs ascendants leur sont inconnus. Les mineurs produiraient la procédure faite pour constater régulièrement l'absence.

Sont dans l'impossibilité de manifester une volonté les parents déchus de la puissance paternelle. Parmi ces derniers, il en est cependant à qui on a laissé le droit de consentir au mariage. Il faudra donc les solliciter d'acquiescer. S'ils s'y refusent, l'assistance publique peut les faire citer devant le tribunal qui donne ou refuse le consentement, les parents entendus ou dûment appelés dans la Chambre du conseil.

Si des personnes sus-indiquées, on exige un consentement, qu'ils donnent d'ordinaire verbalement, au cours de la cérémonie à la mairie, on ne leur demande pas pour autant d'être présentes à la cérémonie ni même de s'y faire représenter. Il suffira aux parties d'y apporter une preuve du consentement obligatoire soit par acte notarié contenant les noms, prénoms, professions et domiciles de toutes les personnes intéressées, soit par acte passé devant l'officier de l'état civil de leur domicile ou, s'ils habitent à l'étranger, devant les agents diplomatiques ou consulaires français. Un acte sous seing privé, même avec signature légalisée, n'est pas considéré comme suffisant.

Le consentement du Conseil de famille résultera du procès-verbal de la délibération concluant à l'artorisation.

On décide que les père et mère ne peuvent déléguer à personne, pas même à un ascendant, le pouvoir de consentir au mariage en leur lieu et place, par procuration.
même à un ascendant, le pouvoir de consentir au mariage en leur lieu et place, par procuration.

Le consentement des père et mère et autres doit exister au moment même de la célébration, car il est nécessaire pour autoriser l'enfant à consentir lui-même et il est évident que l'on ne peut être autorisé qu'au moment précis où l'on s'engage.

En conséquence, l'ascendant, ou autre qui aurait donné son consentement par anticipation pourrait le retirer à la dernière minute, même au cours de la cérémonie et en empêcher la célébration. A cet effet, il fera signifier par exploit d'huissier son changement de volonté à l'officier de l'état civil qui devra surseoir au mariage.

Si, dans la même hypothèse d'un consentement anticipé, l'ascendant venait à mourir, à être frappé de l'incapacité ou mis dans l'impossibilité de consentir au moment de la célébration, l'enfant devra se pourvoir d'une autre autorisation. L'union formée dans l'ignorance de cet événement constituerait un mariage putatif, puisque faite de bonne foi.

### MAJEURS DE VINGT ANS — ACTE RESPECTUEUX

Si au-dessous de vingt et un ans les enfants ne peuvent se marier sans autorisation, au-dessus de trente ans, ils le peuvent sans avoir à consulter qui que ce soit.

De vingt et un à trente ans révolus, ils sont tenus de justifier, devant l'officier de l'état civil, de l'assentiment de leur père et mère exclusiement.

Si les père et mère sont morts ou dans l'impossibilité prouvée comme on l'a dit ci-dessus, de manifester leur volonté, l'obligation de justifier de leur assentiment disparaît. Cependant on pourrait encore, s'il y avait seulement impossibilité de consentir, produire la notification dont il va être question.

A cette époque de la vie le consentement exigé n'est plus un obstacle insurmontable, on peut s'en passer.

En effet, à défaut de l'assentiment, l'intéressé fera notifier, dans les formes que nous allons étudier, l'union projetée à ses père et mère ou à celui des deux dont le consentement n'est pas obtenu.

Trente jours francs écoulés après la justification de cette notification, il sera passé outre à la célébration du mariage. Le délai franc compte trente jours pleins, c'est-à-dire qu'on n'y comprend pas le jour de la notification et qu'on ne peut se marier que le trente et unième. La justification de la formalité se fait par un expédition de l'acte que remet le notaire.

Cette notification est faite à la requête de l'intéressé par un seul notaire. L'acte est visé pour timbre et enregistré gratis. Il énonce les noms, prénoms, professions, domiciles, et résidences des futurs époux, ainsi que le lieu où sera célébré le mariage, cela pour faciliter l'opposition.

Il contient aussi déclaration que cette notification est faite aux père et mère en vue d'obtenir leur consentement et qu'à défaut, il sera passé outre à la célébration du mariage à l'expiration d'un délai de trente jours francs.

## SUBSÉQUENTS MARIAGES

Les personnes qui contractent un second ou subséquent mariage n'ont besoin d'aucun consentement anostral.

## L'ENFANT NATUREL

L'enfant naturel est tenu à l'égard des père et mère qui l'ont reconnu de toutes les obligations imposées aux enfants légitimes. Comme sa situation exclut toute autre ascendance, il n'y a pas lieu de parler d'aïeuls et d'aïeules.

Celui qui n'a point été reconnu et celui qui, après l'avoir été a perdu ses père et mère, ou dont les père et mère ne peuvent manifester leur volonté, ne pourra avant l'âge de vingt et un ans révolus se marier qu'après avoir obtenu le consentement du Conseil de famille en exercice ou d'un Conseil qu'on organiserait à cet effet. C'est au juge de paix, président de ce Conseil de famille qu'il adressera, en cas de refus, la notification légale.

## EXISTENCE D'UN PREMIER MARIAGE

On ne peut contracter un second mariage avant la dissolution du premier, dit l'article 147 et cette prohibition s'impose même à ceux qui seraient sectateurs d'un culte qui autoriserait la polygamie, mais si la loi défend et punit la coexistence de deux mariages sur la même tête, elle ne limite nullement la facilité de se marier autant de fois que l'on voudra. Le ministère public a qualité pour s'opposer à la célébration d'un second mariage avant la dissolution du premier.

## PARENTÉ ET ALLIANCE

En ligne directe, le mariage est prohibé entre tous les ascendants et descendants, légitimes ou naturels et les alliés dans la même ligne. En ligne collatérale, le mariage est prohibé entre le frère et la sœur légitimes ou naturels, et les alliés au même degré. Le mariage est encore prohibé entre l'oncle et la nièce, la tante et le neveu. Néanmoins il est loisible au Président de la République de lever, pour des causes graves, les prohibitions portées aux mariages entre beau-frères et belles-sœurs, de même qu'entre eux l'oncle et la nièce, la tante et le neveu.

Le mariage est probibé entre la belle-mère et le fils de son mari issu d'un précédent mariage et entre le beau-père et la belle-fille dans les mêmes conditions.

Longtemps controversée, et, bien que le droit canonique et notre ancien droit, dit-on, admissent que le concubinage, lorsqu'il était notoire, engendrait une affinité naturelle qui empêchait le mariage entre chacun des concubins et les parents de l'autre, la question de savoir si un fils peut épouser la femme avec laquelle son père a vécu en concubinage, doit se résoudre par l'affirmative.

Pour obtenir dispense, la cause la plus grave qui puisse être invoquée est la situation des enfants d'un premier lit auxquels il importe d'assurer protection.

Les autres motifs sont : amélioration de position, intérêt d'une exploitation, désir de contenter des ascendants, maintien d'une indivision fructueuse. Les relations qui se sont établies du vivant du conjoint décédé serait une cause absolue de rejet, même lorsqu'il existera un enfant adultérin.

Les pièces à produire sont : 1° pour les dispenses de parenté : une demande signée des futurs, leurs actes de naissance et les actes de mariage constitutifs de la parenté; 2° pour les dispenses d'alliance : actes de naissance des deux futurs acte de mariage constitutif d'alliance et acte de décès du conjoint décédé. Dans certains cas, il y a lieu de produire aussi : un certificat de médecin constatant que la future est enceinte, des certificats d'indigence, l'autorisation de l'autorité militaire enfin, lorsque l'un des futurs n'est pas Français, les dispenses de son gouvernement.

Les droits exigés pour les dispenses de parenté ou d'alliance se montent à 302 fr. 25, dont remise totale ou partielle peut être accordée aux indigents. La remise partielle se fixe par dixième ou vingtième.

La demande s'introduit comme celle dont nous avons parlé plus haut, relative aux dispenses d'âge.

### AUTRES EMPÊCHEMENTS — ADOPTION

En vertu de l'article 348 du Code civil, le mariage est prohibé :

Entre l'adoptant, l'adopté et ses descendants ;

Entre les enfants adoptifs du même individu;

Entre l'adopté et les enfants qui pourraient survenir à l'adoptant;

Entre l'adopté et le conjoint de l'adoptant et, réciproquement, entre l'adoptant et le conjoint de l'adopté.

### DIVORCÉS.

Au cas de réunion des époux, une nouvelle célébration du mariage sera nécessaire.

### ABSENCE.

L'absence (il faut entendre par ce mot une disparition assez prolongée pour faire croire à la mort) d'un des conjoints, si prolongée et si régularisée qu'elle soit constitue un empêchement prohibitif au mariage que voudrait contracter l'autre conjoint. Pour un remariage il faut la dissolution bien établie du précédent par décès, divorce ou annulation. L'officier de l'état civil ne peut, sciemment, unir un époux qui ne lui apporte pas la preuve que le précédent mariage est bien dissous. L'époux absent n'est pas réputé mort.

Comme il n'est pas non plus réputé vivant on ne pourrait poursuivre pour bigamie l'époux qui se serait ainsi remarié. Pour arriver à cette condamnation, il faudrait apporter la preuve que l'absent était vivant quand le second hymen s'est conclu.

Dans cette hypothèse, l'époux absent dont le conjoint a contracté une nouvelle union est seul recevable à attaquer ce mariage par lui-même ou par son fondé de pouvoir muni de la preuve de son existence.

Le ministère public ne pourrait intervenir que dans le cas où les deux époux auraient été de connivence pour, en fraudant la loi, créer la situation qui nous occupe et dissoudre leur mariage de cette façon subtile.

### OPPOSITIONS AU MARIAGE.

L'officier de l'état civil à qui s'adressent les parties pour la célébration de leur mariage ne peut y procéder que si sont remplies toutes les formalités prescrites. Il s'en assure au moyen des pièces qui lui sont remises. Mais comme les parties peuvent elles-mêmes ignorer un empêchement ou tromper l'officier d'état civil, la loi a organisé, pour obvier à cet inconvénient, l'opposition. L'opposition est donc un moyen d'indiquer à qui de droit les obstacles qui s'opposent à la célébration de l'union.

Le droit de former opposition appartient presque à tout le monde puisque chacun de nous peut prévenir le maire ou le parquet d'un empêchement et ainsi arrêter le mariage ; cependant il appartient plus spécialement aux intéressés. D'abord à la personne engagée par mariage avec l'une des parties contractantes. Le conjoint divorcé ou la personne seulement mariée à l'église ne jouissent donc pas de ce droit.

Le père, et, à défaut du père, la mère, et, à défaut des père et mère, les aïeuls et aïeules, peuvent former opposition au mariage de leurs enfants et descendants, encore que ceux-ci aient vingt et un ans accomplis. Si le père consent au mariage, la mère n'a pas le droit d'y faire opposition. Dans cette seconde catégorie d'opposants le droit d'opposition est absolu et peut être exercé pour toute espèce de cause, et soit qu'il s'agisse d'un premier ou d'un subséquent mariage, en un mot dans tous les cas où les ascendants peuvent relever à la charge de leur descendant l'absence d'une quelconque condition requise pour la célébration du mariage et que le défaut de cette condition forme un empêchement dirimant ou simplement prohibitif. Les ascendants profitent souvent de ce privilège pour soulever une instance prolongée par des défauts et des appels, qui retardera le mariage et peut être l'empêchera.

A défaut d'ascendant, le frère ou la sœur, l'oncle ou la tante, la cousine ou le cousin germains, majeurs, peuvent former opposition, mais seulement dans les deux cas suivants : 1° lorsque le consentement du Conseil de famille requis par la loi n'a pas été obtenu ; 2° lorsque l'opposition est fondée sur l'état de démence du futur époux : cette opposition, dont le tribunal pourra prononcer la mainlevée pure et simple, ne sera jamais reçue qu'à la charge, par l'opposant, de provoquer l'interdiction et d'y faire statuer dans les délais qui seront fixés par jugement.

La loi n'établissant aucune hiérarchie entre les collatéraux, tous peuvent exercer leur droit d'opposition, collectivement ou individuellement. Dans le cas où l'opposition est formée pour cause de démence (et ici ce mot doit s'entendre dans un sens géneral et comprendre non-seulement la démence, mais encore l'imbécillité et la fureur) il faut que cette infirmité soit de nature à emporter interdiction, c'est-à-dire soit habituelle.

Dans ces deux cas, le tuteur ou curateur ne pourra, pendant la durée de la tutelle ou curatelle, former opposition qu'autant qu'il y aura été autorisé par un Conseil de famille convoqué à cet effet par lui ou une autre personne.

Le conjoint, les ascendants et les collatéraux sont les seuls à qui la loi accorde le droit d'opposition. Ainsi, il a été jugé que les enfants ne sont pas recevables à former opposition au mariage de leur père, alors même que leur opposition serait formée sur l'imbécillité ou la démence de leur auteur, ou qu'ils auraient introduit contre celui-ci une action en interdiction pour cause de démence. En fait, ils y parviennent parce que le maire ne mariera jamais s'il a reçu une opposition.

Quelques auteurs et une grande partie de la jurisprudence reconnaissent au ministère public le droit de faire opposition au mariage, toutes les fois qu'il s'agit de l'intérêt général et de l'ordre public, ou, au moins, dans tous les cas où il aurait le droit de demander la nullité du mariage.

### FORMES ET EFFETS DE L'OPPOSITION.

L'opposition se fait par acte extra-judiciaire ; elle est du ministère des huissiers. L'acte énoncera la qualité qui donne à l'opposant le droit de la former, il contiendra élection de domicile dans le lieu où le mariage devra être célébré ; il devra également, à moins qu'il ne soit fait à la requête d'un ascendant, contenir les motifs de l'opposition : le tout à peine de nullité, et de l'interdiction de l'officier ministériel qui aurait signé l'acte contenant opposition.

La signification d'opposition, pour être valable, doit être faite aux parties intéressées et à l'officier d'état civil qui doit célébrer le mariage, celui-ci fera, sans délai, une mention sommaire des oppositions sur le registre des publications, comme il fera plus tard, mention des jugements en mainlevée. Dans le doute sur le lieu de la célébration, on signifierait partout où la cérémonie est possible.

En cas d'opposition, l'officier de l'état civil ne pourra célébrer le mariage avant qu'on lui ait remis la mainlevée, définitive ou exécutoire par provision, sous peine de trois cents francs d'amende et de tous dommages-intérêts. Néanmoins, le mariage célébré en dépit de l'opposition ne serait pas pour cela nul, mais il pourrait être annulé s'il a été contracté au mépris d'un empêchement dirimant.

L'officier de l'état-civil devrait-il surseoir au mariage sur le simple vu d'une opposition irrégulière ou illégale ? La jurisprudence contemporaine et les auteurs estiment, avec raison, suivant nous, qu'il ne doit s'arrêter que devant une opposition régulière et valablement faite en la forme ; il n'est pas juge du fond. En général, il s'abstient.

MAINLEVÉE DE L'OPPOSITION.

L'opposition tient les parties en échec tant que la mainlevée n'en a pas été obtenue. Cette mainlevée peut être consentie volontairement ou prononcée en justice.

La mainlevée volontaire est celle qui est donnée par l'opposant soit verbalement devant l'officier de l'état civil, soit par lettre, acte sous seing privé ou passé devant notaire et en minute. Si ce désistement ne faisait pas disparaître l'empêchement légal en vertu duquel l'opposition a été fournie, l'officier devrait, quand même, se refuser à procéder au mariage.

En justice, la mainlevée d'opposition ne peut être demandée que par le futur époux contre qui elle est engagée. C'est également lui qui doit commencer les poursuites en intentant une demande en mainlevée devant le tribunal de l'arrondissement du lieu où devait se célébrer le mariage. Ce tribunal, sur cette demande, devra évoquer l'affaire dans les dix jours, sous peine d'être pris à partie.

Toutes les voies d'opposition et d'appel son admises, mais le jugement par défaut peut ordonner la célébration du mariage. S'il y a appel, il y sera statué dans les dix jours de la citation. Le pourvoi en cassation ne suspend pas la célébration du mariage.

Si l'opposition est rejetée, les opposants, autres néanmoins que les ascendants, pourront être condamnés à des dommages-intérêts. Ces dommages-intérêts ne sont pas subordonnés à la preuve d'une perte réelle et directe, le juge peut les apprécier d'après les circonstances. Les ascendants, qui ne doivent pas être condamnés à des dommages-intérêts, peuvent cependant être condamnés aux dépens, en tout ou partie suivant les circonstances.

Il peut se faire enfin que l'opposition, même rejetée en justice, ait révélé l'existence d'un empêchement légal au mariage, le tribunal le signalera à l'officier d'état civil qui sursoiera au mariage.

Après mainlevée nécessaire d'une opposition au mariage fournie par un ascendant, aucune nouvelle opposition d'ascendant n'est valable ni ne peut retarder la célébration.

### CÉLÉBRATION DU MARIAGE.

La célébration — civile — du mariage comporte la cérémonie proprement dite à la mairie et, antérieurement, des formalités de publicité ou de publication.

### FORMALITÉS PRÉLIMINAIRES.

Elles consistent essentiellement en une publicité qui a pour but d'assurer la sincérité de l'union en empêchant toute surprise préjudiciable soit aux intéressés, soit à la société portant à la connaissance générale l'union qui se prépare.

Cette publicité se fait par voie de publication ou plutôt d'affichage.

A cet effet, les deux futurs époux se rendront à la mairie où ils ont l'intention de se marier, car ce choix attribue à l'officier de l'état-civil local une compétence ou une mission, plutôt, particulière. Ils lui diront leurs intentions, lui feront connaître leur situation civile soit verbalement soit par des notes écrites, lui demanderont de dernières explications sur les formalités à remplir et en particulier quel jour et à quelle heure le maire pourra les unir et enfin le prieront de vouloir bien faire la publication requise par la loi.

## COMMUNE MATRIMONIALE.

Où célébrer le mariage ? dans quelle commune ?

« Le mariage, répond l'article 74 du Code civil, sera célébré dans la commune, où l'un des deux époux aura son domicile, ou sa résidence établie par un mois au moins d'habitation continue à dater de la publication du mariage.

La preuve du domicile ou de la résidence se fait par la carte d'électeur, des certificats du propriétaire, du gérant ou même du concierge (ce sera souvent un certificat de complaisance pas trop difficile à obtenir), des baux, des quittances de loyer, etc., etc. En somme, on se marie un peu où l'on veut.

En thèse générale, par convenance, on se marie au domicile de la future épouse.

En ce qui concerne spécialement les mineurs non émancipés, comme ils ne peuvent avoir de domicile propre et qu'ils ont forcément celui de leur père, mère ou tuteur, c'est soit à ce domicile que leur mariage doit être célébré soit au lieu où leurs auteurs ont une résidence d'au moins un mois, sans qu'on ait, d'ailleurs à s'inquiéter si le mineur a par lui-même cette résidence d'un mois, s'il y a jamais paru.

## PUBLICATION.

Ayant ainsi choisi la commune nuptiale, on se rendra comme je l'ai dit à la mairie, bureau des états civils ou des mariages pour demander qu'il soit procédé à la publication légale et fournir les pièces ou indications nécessaires.

Les parties qui feraient de fausses déclarations relativement aux énonciations que doit contenir l'acte de publication commettraient un faux en écritures publiques passible des travaux forcés à temps.

L'unique publicité consiste en ce que « avant la célébration du mariage, l'officier de l'état-civil fait une publication par voie d'affiche apposée à la porte de la maison commune. Cette publication énonce les prénoms, noms, professions, domicile et résidence des futurs époux, leur qualité de majeur ou de mineur, et les prénoms, noms, professions et domicile de leurs pères et mères. Elle énonce, en outre, les jour, lieu et heure où elle a été faite. Elle doit être transcrite sur un seul registre coté, paraphé et déposé, à la fin de chaque année, au greffe du tribunal de l'arrondissement. »

« Cette affiche reste apposée à la porte de la maison commune pendant dix jours, lesquels doivent comprendre deux dimanches. Le mariage ne pourra être célébré avant le dixième jour depuis et non compris celui de la publication. »

Les futurs époux pourront se marier le lundi si l'affichage a eu lieu le deuxième jeudi précédent. En supposant que ce jeudi soit aussi le premier jour du mois le lundi du mariage sera le douzième jour du mois.

Si l'hymen ne peut, sauf le cas de dispense pour motifs très graves que nous examinons ci-dessous, être célébré avant l'expiration de ce délai, rien n'empêche de le faire plus tard, quand on voudra.

Pourtant si on n'y a procédé dans l'année à compter de l'expiration du délai que nous venons de calculer, il ne pourra plus être célébré qu'après une nouvelle publication et un nouveau délai de dix jours.

### DISPENSES DE PUBLICATION.

Le procureur de la République, dans l'arrondissement duquel le mariage sera célébré, peut dispenser, pour des causes graves, de la publication et tout délai.

Qui peut le plus peut le moins. Le magistrat pourrait se contenter de réduire le délai qui suit la publication tout en maintenant cette dernière.

### LIEUX DE PUBLICATION.

La publication se fait à la municipalité du lieu où chacune des parties contractantes aura son domicile ou sa résidence.

Si le domicile actuel ou la résidence actuelle n'ont pas été d'une durée continue de six mois, la publication sera faite en outre au lieu du dernier domicile, et, à défaut du domicile, au lieu de la dernière résidence, si cette résidence n'a pas une durée continue de six mois, la publication sera faite également au lieu de la naissance.

Le soin de procéder à cette publication est laissé à l'officier de l'état-civil.

De plus, si les parties contractantes, ou l'une d'elles, sont, relativement au mariage, sous la dépendance d'autrui, la publication sera faite encore à la municipalité du domicile de ceux sous la puissance desquels elles se trouvent, même si ces personnes habitaient à l'étranger. Dans ce dernier cas les publications se feraient suivant les formes usitées dans le pays et seraient constatées par un acte émanant des autorités locales.

On admet généralement que cette règle n'est pas applicable aux futurs conjoints ayant atteint la majorité matrimoniale et qu'ils n'ont pas besoin de faire lesdites publications au lieu du domicile des ascendants dont ils ne sont tenus de ne requérir que le conseil.

Lorsque le futur époux, à défaut d'ascendants, doit apporter le consentement du conseil de famille, les publications dont s'agit se fera au lieu où siège ce conseil, c'est-à-dire au domicile du juge de paix qui le préside.

### CÉRÉMONIE DU MARIAGE.

En thèse générale, elle se célèbre à la mairie, exceptionnellement au domicile d'un des futurs époux.

Pour cette cérémonie on ne se présente pas à la mairie quand bon semble : on a pris date préalablement. Il va de soi, qu'en principe, ce sont les futurs époux qui indiquent le jour où ils désirent s'unir, cependant on se met d'accord avec la municipalité pour cela.

Le choix de l'heure appartient à l'officier de l'état-civil.

Rien ne s'oppose à ce que la cérémonie ait lieu de nuit, pourvu, d'ailleurs, que les autres conditions de publicité soient remplies ; mais on ne pourrait y obliger le célébrant. De même, il n'est pas davantage tenu de procéder un jour férié, bien que ce soit licite.

Le mariage doit être célébré devant le maire qui, d'ailleurs peut passer ses fonctions, par suppléance ou délégation, sur la tête des adjoints ou des conseillers municipaux choisis par ordre de qualité et non à la convenance du maire. Tout autre fonctionnaire, tout autre individu, revêtu ou non d'un caractère public serait sans qualité aucune pour procéder à la célébration du mariage. Quelles que soient les circonstances, l'acte serait inexistant.

Et les actes inexistants de cette nature ne sont pas très rares quand ils ont été accomplis par des adjoints ou des conseillers municipaux agissant sans une délégation formelle. Alors il faut les faire rectifier par voie judiciaire.

La cérémonie doit être publique ; tout le monde doit pouvoir y assister, mais l'absence de tout curieux ne vicierait pas l'acte.

Elle doit, en général, être faite à la mairie. C'est d'ailleurs, pour ainsi dire toujours là qu'elle a lieu Cependant, lorsqu'il y a des raisons graves pour célébrer le mariage dans une maison privée, en cas de mariage in-extremis, par exemple, d'infirmité, de maladie, d'accident imprévu survenu à un des futurs conjoints, etc., le Procureur de la République, à la demande des intéressés, pourrait requérir l'officier d'état-civil de se transporter au domicile pour procéder à la célébration. Il s'y transporterait, même, d'office s'il y avait danger de mort (mariage in-extremis).

Dans cette occurrence, les portes de cette demeure doivent être, pour la circonstance, ouvertes à tout venant et le public pouvoir y entrer librement. Je conseille même, aux intéressés, d'y appeler les voisins, pour la publicité de la chose.

L'officier de l'état-civil qui, sans nécessité, célébrerait un mariage hors de la mairie s'exposerait à des poursuites correctionnelles.

Donc, à l'heure fixée par l'officier de l'état-civil, les futurs époux arrivent à la mairie avec les personnes qui ont à donner leur consentement verbalement et leurs témoins.

Chaque partie doit avoir un témoin, majeurs, parents ou étrangers, homme ou femme, même l'homme et la femme, les deux époux, pour le même mariage. En thèse générale on ne demande à ces témoins aucune pièce d'identité. Il n'est pas nécessaire qu'ils sachent signer. Ils peuvent même être des étrangers. Toutefois, ne pourraient être témoins : les sourds-muets, les aveugles, les interdits ainsi que les individus privés de l'exercice des droits civiques, civils et de famille. Les faillis peuvent être témoins.

Le choix des témoins est abandonné aux parties intéressées ; si elles avaient négligé de s'en procurer il appartient à l'officier de l'état-civil de leur en désigner, sans, cependant, pouvoir contraindre personne à remplir ce rôle.

Si aucune personne ne consentait à servir de témoins aux parties et si le maire ne parvenait pas à leur en procurer, que conviendrait-il de faire ? Attendu que l'absence de témoins n'est pas un cas de nullité, le plus simple serait, évidemment, de passer outre à la solennité, en constatant les faits, si possible, puis de demander la régularisation juridique de l'acte.

Le maire pourrait, d'ailleurs, aussi bien se refuser à célébrer le mariage, délaissant les parties à se pourvoir devant le tribunal qui suppléerait, par jugement, à l'acte qui n'a pu être dressé.

Le maire pourrait encore refuser de marier s'il avait de justes raisons de croire que l'identité des parties ou de leurs témoins est fausse, quoique ce droit de contrôle soit bien délicat.

Le maire, qui sans motif juste, refuserait de procéder à un mariage commettrait un quasi délit qui le rendrait passible de dommages-intérêts envers les futurs époux.

Les futurs époux ou les témoins sont-ils rigoureusement tenus de comparaître en personne devant le maire ? La question est controversée. Il semble qu'ils pourraient très bien se faire représenter par un porteur de procuration authentique. Pourtant, l'opinion générale est en faveur de la comparution personnelle.

Au début de la cérémonie l'officier de l'état-civil (le plus souvent c'est son secrétaire qui remplit ce rôle ingrat) en présence des témoins fait lecture des pièces relatives à leur état que nous avons énumérées aux fins de leur production. Elle doit être donnée intégralement aux parties pour les éclairer sur leur situation respective ; mais elle pourrait s'effectuer à huis-clos, en dehors du public si elle rappelait des faits délicats.

Le magistrat passe ensuite à la lecture des articles du code relatifs aux devoirs et droits respectifs des époux.

Ceci n'a l'air de rien. En réalité ce sont bel et bien les clauses du contrat qui va être signé. C'est le cahier des charges.

L'officier de l'état-civil interpelle ensuite les futurs époux, ainsi que les personnes qui autorisent le mariage, si elles sont présentes, d'avoir à déclarer s'il a été fait un contrat de mariage, et dans le cas de l'affirmative, la date de contrat, ainsi, que les nom et lieu de résidence du notaire qui l'aura reçu.

Déjà, lors de la passation du contrat, le notaire délivre aux parties un certificat sur papier libre et sans frais, énonçant ses nom et lieu de résidence, les noms, prénoms, qualités et domiciles des futurs époux ainsi que la date du contrat. Le certificat indique, en outre, qu'il doit être remis à l'officier de l'état-civil avant la célébration du mariage; on n'aura garde de l'oublier.

Si l'acte de célébration du mariage portait que les époux se sont mariés sans contrat, la femme serait réputée, à l'égard des tiers, capable de contracter dans les termes du droit commun, ce qui lui ferait perdre tout le bénéfice des précautions prises à l'étude du notaire. Pourtant, elle s'éviterait ce désagrément, en déclarant dans l'acte contenant engagement de sa part qu'elle avait fait un contrat de mariage.

Ces préliminaires effectués et la situation étant bien nette, le maire demande à chaque partie, en la nommant si elle consent à s'unir à l'autre qu'il nomme également.

On répond à chaque question par oui... ou par non.

Le silence ou le refus de répondre impliqueraient refus de consentement.

Il est admis que les sourds-muets peuvent répondre par écrit et même par signe quand leur intention est bien caractéristique.

De plus le consentement des futurs époux doit être pur et simple ; toute réserve ou condition à laquelle il aurait été subordonné serait considérée comme nulle et non avenue, mais en laissant au consentement toute sa valeur.

Alors, l'officier de l'état civil prononce, au nom de la loi, que les parties sont unies par le mariage.

Le mariage, alors est fait et produit, à partir de ce moment, tous les effets que la loi lui attribue. Il ne reste plus qu'à en dresser l'acte.

Ce n'est pas cet acte, mais le prononcé du maire qui fait le mariage. L'acte n'intervenant que pour la preuve et non pour l'existence du mariage.

### NULLITÉS. — NULLITÉS RELATIVES.

Le mariage nul et annulable est un acte imparfait, infecté de certains vices qui peuvent le faire anéantir, mais qui sont également susceptibles d'être rectifiés. Le mariage, pour certains auteurs, serait inexistant, s'il ne s'était formé qu'en apparence.

Parmi les causes de nullité de mariage, les unes comme le défaut, d'âge, la bigamie, l'inceste, la clandestinité, etc. touchent à l'ordre public et sont qualifiés d'absolues : les autres, dites relatives, ne concernent que l'intérêt privé des époux : tel le consentement.

Pour les nullités relatives, l'action en justice n'appartient qu'aux époux, elle peuvent être confirmées et sont prescriptibles. Quant aux autres elles peuvent être proposées par toute partie intéressée, par le ministère public et même l'époux coupable, elles ne sauraient être couvertes et sont imprescriptibles.

Le mariage qui a été contracté sans le consentement libre des deux époux ou de l'un d'eux ne peut être attaqué que par les époux ou par celui des deux dont le consentement n'a pas été libre. Lorsqu'il y a eu erreur dans la personne, le mariage ne peut être attaqué que par les époux ou par celui des deux dont le consentement n'a pas été libre. Lorsqu'il y a eu erreur dans la personne, le mariage ne peut être attaqué que par celui des deux époux qui a été induit en erreur. La demande en nullité n'est plus recevable toutes les fois qu'il y a eu cohabitation continuée pendant six mois depuis que l'époux a acquis sa pleine liberté ou que l'erreur a été par lui reconnue.

Remarquons qu'il n'y a pas eu défaut de consentement mais consentement vicié, insuffisant.

Le mariage contracté sans le consentement des père et mère, des ascendants ou du conseil de famiile, dans le cas où ce consentement était nécessaire, ne peut être attaqué que par ceux dont le consentement était requis ou par celui des époux qui avait besoin de ce consentement. Ce droit d'actionner est absolument restreint aux personnes désignées et ne passe, après leur décès, à nulle autre.

L'action en nullité ne peut plus être intentée ni par les époux ni par les parents dont le consentement était requis, toutes les fois que le mariage a été approuvé expressément ou tacitement par ceux dont le consentement était nécessaire, ou lorsqu'il s'est écoulé une année sans réclamation de leur part, depuis qu'ils ont eu connaissance du mariage. Elle ne peut être intentée non plus par l'époux, lorsqu'il s'est écoulé une année sans réclamation de sa part depuis qu'il a atteint l'âge compétent pour consentir lui-même au mariage.

Si l'un des époux avait usé de manœuvres frauduleuses pour induire l'autre en erreur sur le consentement familial, il ne serait plus admis à se targuer de ce motif d'annulation et pourrait se voir condamné à des dommages-intérêts envers son conjoint, si à la demande des parents, le mariage était annulé.

### NULLITÉS ABSOLUES.

Les nullités absolues peuvent résulter de l'une des cinq causes suivantes : impuberté des époux ou ce l'un d'eux, bigamie, inceste, clandestinité du mariage, incompétence de l'officier de l'état-civil. Elles peuvent être invoquées soit par les époux eux-mêmes, soit par tous ceux qui y ont intérêt, soit par le ministère public.

Néanmoins le mariage contracté, par des époux qui n'avaient point l'âge requis ne peut plus être attaqué : 1° lorsqu'il s'est écoulé six mois depuis que les époux, ou cet époux ont atteint l'âge compétent; 2° lorsque la femme qui n'avait point cet âge a conçu avant l'échéance de six mois. Le père, la mère, les

ascendants et la famille qui ont consenti au mariag
d'impubères ne sont point recevables à en demande
la nullité.

En cas de bigamie, l'époux au préjudice duquel
été contracté un second mariage peut en demande
la nullité du vivant même de l'époux qui était engag
avec lui. Si les nouveaux époux opposent la nullit
du premier mariage, la validité ou la nullité du pre
mier mariage doit être jugée préalablement. Le pro
cureur de la République, sauf également ces de
nières restrictions, peut et doit demander la nullit
du mariage du vivant des deux époux et les fair
condamner à se séparer.

Tout mariage qui n'a pas été contracté publiqu
ment et qui n'a point été célébré devant l'officie
public compétent est annulable à la demande de
intéressés quels qu'ils soient.

Si le mariage n'a point été précédé de la public
tion requise, ou s'il n'a pas été obtenu des dispens
permises par la loi ou si les intervalles prescrits pou
la publication n'ont point été observés, le procureu
de la République fera prononcer contre l'officier pi
blic une amende qui ne pourra excéder trois cen
francs, et contre les parties contractantes, ou ceu
sous la puissance desquels elles ont agi, une amend
proportionnée à leur fortune.

Notons que de ces cas de nullité, tous n'ont pa
la même valeur, et sauf, l'inceste et la bigamie,
s'en trouvera certainement, où le juge impressionn
par la possession d'état, par le scandale qui résu
terait de l'annulation, par les circonstances auss
n'appréciera pas que la clandestinité soit bien démo
trée, par exemple, ou ne poursuivra pas. Il se bo
nera, alors, à prononcer les peines ci-dessus, cont
les personnes désignées, pour toute contravention
la loi et lors même que ces contraventions ne para
traient pas suffisantes pour prononcer la nullité d
mariage.

## MARIAGE PUTATIF.

On appelle de ce nom le mariage nul qui a été contracté de bonne foi par les époux ou par l'un d'eux. La loi tient compte de la bonne foi et décide que les effets produits par le mariage jusqu'à la déclaration judiciaire seront maintenus. Si la bonne foi n'existe que de la part d'un des époux, le mariage ne produit les effets civils qu'en faveur de cet époux et des enfants issus de ce mariage.

La loi n'exige qu'une seule chose en faveur du mariage putatif, la bonne foi ; ce sera à l'époux ou aux époux qui s'en prévaudront de la prouver.

### MARIAGES D'INDIGENTS.

Ils sont facilités par la loi du 10 décembre 1850 qui porte :

Seront admises au bénéfice de la loi les personnes qui justifieront d'un certificat d'indigence, à elles délivré par le commissaire de police, ou par le maire dans les communes où il n'existe pas de commissaire de police, sur le vu d'un extrait du rôle des contributions constatant que les parties intéressées paient moins de 10 francs, ou d'un certificat du percepteur de leur commune portant qu'elles ne sont pas imposées. — Le certificat d'indigence sera visé et approuvé par le juge de paix du canton. Il serait fait mention dans le visa de l'extrait des rôles ou du certificat négatif du percepteur.

L'impétrant se rendra donc chez le percepteur pour en obtenir ou un extrait du rôle constatant qu'il paie moins de 10 francs de contributions ou un certificat portant qu'il n'est point imposé. Celui qui paierait plus de 10 francs de contributions ne serait pas réputé indigent ni fondé à solliciter le bénéfice de la loi. Malgré cela, il peut, avant même, demander et obtenir des remises pour tout ou partie, mais c'est, alors, une faveur et non le droit que la loi de 1850 lui reconnaît.

Enfin, avec ce certificat ou cet extrait, le futur époux se rend à la mairie où on lui délivre un certificat d'indigence.

Muni de cette pièce, il se rend chez le juge de paix qui la vise.

Il revient alors à la mairie dont le secrétaire va se trouver chargé de réunir tout le dossier nécessaire au mariage suivant les indications que le futur conjoint lui donnera. Tout se fait sans frais.

### PROMESSES DE MARIAGE

Elles peuvent être envisagées de deux manières : Ou bien purement et simplement une personne s'engage à en épouser une autre dans un délai plus ou moins long ou bien cette promesse est frauduleuse et constitue un acte de séduction.

Il fut un temps où la jurisprudence voyait dans cette promesse, première hypothèse, un contrat qui, en cas de non exécution, donnait lieu à une demande en dommages-intérêts. Aujourd'hui cette doctrine est repoussée, on est d'accord pour décider que la promesse de mariage est un contrat nul, comme reposant sur une cause illicite, contraire à l'ordre public et de nature à porter atteinte au libre consentement d'un des contractants. Son inexécution, à elle seule, n'entraine pas de dommages-intérêts, même s'ils ont été prévus dans une clause pénale stipulée en la promesse du mariage.

Mais si cette promesse avait entraîné des dépenses, si son inexécution causait un préjudice, même moral, mais toujours démontré, une demande en dommages-intérêts pourrait être soumise aux tribunaux qui apprécieraient souverainement en tenant compte que la possibilité d'un changement de volonté doit toujours entrer dans les prévisions des parties. Pour le préjudice matériel le tribunal s'en rapportera à l'état qui lui sera fourni, et pour le tort moral il prendra en considération la fortune, l'âge, la qualité et la position des parties.

Une remarque s'impose. Si cette rupture était fondée sur un juste motif, elle serait de droit et n'impliquerait, à l'égard du futur qui se retire, aucune responsabilité ; mieux encore, celui-ci pourrait réclamer à l'autre des dommages-intérêts pour les dépenses qu'il a faites et le préjudice qu'il souffre. Parmi les motifs, justes et suffisants, de rupture, citons : une maladie grave, une infirmité, la ruine, la grossesse de la future épouse, etc. En cas de contestation c'est encore le tribunal qui appréciera souverainement.

Passons maintenant à la seconde hypothèse, c'est-à-dire quand la promesse de mariage s'est compliquée de séduction et de grossesse.

On a d'abord voulu écarter le motif de grossesse parce que il pouvait conduire à la recherche interdite de la paternité, mais l'opinion contraire est, néanmoins, plus généralement admise ; si, dit-on, la recherche de la paternité est interdite c'est en ce sens seulement qu'il est défendu d'attribuer à un individu une paternité qu'il n'a pas reconnue, mais, ici, la femme ne conclut pas à ce que un tel soit déclaré le père de son enfant, mais elle réclame, seulement, des dommages-intérêts parce que cet homme a rompu sans motif légitime une promesse de mariage, et la grossesse n'est présentée que comme un élément de dommages. Et une jurisprudence constante reconnaît qu'il y a, dans ce cas, pour la femme abandonnée, un préjudice matériel et moral dont la réparation lui est due.

Ceci est dit en thèse générale, car les juges, saisis de l'affaire, sont souverains appréciateurs de toutes les circonstances qui ont entouré la promesse de mariage.

### INTERMÉDIAIRES.

Est nulle la promesse de commission donnée à un intermédiaire ou agent matrimonial qui s'est engagé à intervenir dans une union envisagée. Nul également doit être le mandat salarié donné à un agent matrimonial en vue d'employer ses soins et son influence en faveur du mandant ; et les négociations en vue, d'un mariage, ne peuvent donner lieu à aucune rétribution, sans qu'il y ait lieu de distinguer entre la négociation elle-même et les différents agissements qui la constituent, si elle est basée sur la dot éventuelle.

Cependant il a été jugé que les frais auxquels l'intermédiaire a été exposé et les dépenses qu'il a faites pouvaient valoir une indemnité, mais cette indemnité devait consister seulement dans le remboursement des frais, dépenses et vacations.

## DISSOLUTION DU MARIAGE. — MARIAGES

### SUBSÉQUENTS.

Le mariage se dissout par la mort de l'un des époux ou par le divorce. La séparation de corps et de bien le laisse subsister.

Entre deux mariage consécutifs de la femme la loi exige un délai de dix mois. Pourquoi ? pour éviter ce qu'on nomme une confusion de part, c'est-à-dire d'enfant ; pour que le nouveau-né ne puisse être attribué par une naissance tardive au mari défunt, ou par une précoce au second époux. Comme une grossesse ne saurait durer plus de dix mois, le délai imparti par le code coupe court à toute indécision.

La femme divorcée peut se remarier aussitôt après la transcription du jugement ou de l'arrêt sur les registres de l'état civil, s'il s'est écoulé trois cents jours après le premier jugement préparatoire, inter-jours soit depuis l'ordonnance qui lui attribue un domicile séparé, soit depuis le premier jugement préparatoire, interlocutoire ou au fond rendu dans la cause. Ce sera à la femme de se faire renseigner sur ce point par ses conseils.

S'il y a conversion de séparation de corps en divorce, la femme divorcée pourra contracter un nouveau mariage aussitôt après la transcription de la décision de conversion.

Ce laps de dix mois s'appelle aussi délai de viduité. Etant donné qu'il n'a d'autre but que d'éviter une confusion de part, on concevra qu'il ne puisse être opposé qu'à la femme. Le veuf et le divorcé peuvent donc se remarier aussitôt après le décès de leur épouse.

Il importe encore de remarquer que le mariage contracté dans les dix mois qui ont suivi la dissolution du premier n'est pas nul; l'empêchement qui résulte de ce délai est prohibitif et non dirimant. Il n'existe non plus aucune sanction pénale, ni civile contre les époux. J'ai raconté ailleurs, le cas de cette actrice qui ayant réussi de convoler en secondes noces aussitôt après le décès du premier époux et ayant eu, dans les dix mois, un enfant, se vit intenter un des procès les plus curieux que puissent signaler les annales judiciaires.

### CÉRÉMONIE RELIGIEUSE

En aucun cas, le prêtre ne peut procéder à la cérémonie religieuse avant la célébration civile. A cet effet, il se fait remettre un certificat spécial sur papier libre et sans frais qui est délivré aux époux à la mairie, et qu'ils n'auront garde d'oublier en allant à l'église.

Imp. de l'E. N., 11, Faubourg Saint-Denis.

## CODE DU PROPRIÉTAIRE à la ville et à la campagne

1. Locations urbaines : réparations, congé.
2. Locations rurales : cheptel, warrants, engrais, mérite agricole.
3. Servitudes : mur, haies, distances, eaux.
4. Constructions : devis, architecte, alignement.
5. Hypothèques : inscription, rédaction, purge.
6. Animaux domestiques : chats, chiens, pigeons, etc.
7. Vices rédhibitoires : Police sanitaire.
8. Rentes viagères ; Assurances vie.
9. Actes sous seing privé : comment les faire.
10. Assurances : incendie, glaces, risques commerciaux.
11. Bornage ; Habitations à bon marché ; Biens de famille.
12. Cours d'eau : curage, moulin, canotage.

Chaque fascicule séparé 0.75, franco 0.85.
● Les 12 fascicules réunis en un volume broché 6 francs

## CODE DES PLAIDEURS

1. Justice de paix : procédure, pouvoir, frais, etc.
2. Tribunal civil : procédure, pouvoir, frais, etc.
3. Cour d'appel et de cassation : procédure, pouvoir, frais, etc.
4. Tribunal de commerce et conseils de prud'hommes : procédure, pouvoir, frais, etc.
5. Conseils de préfecture et d'Etat : Procédure, pouvoir, frais, etc.
6. Créanciers et débiteurs : mesures à prendre.
7. Police : gendarmes, gardes champêtres, gardiens de la paix.
8. Crimes, délits, contraventions : casier judiciaire.
9. Frais de justice : avoués, avocats, huissiers, taxe.
10. Tribunaux répressifs : plainte, recours.
11. Liberté individuelle.
12. Arbitrage amiable : plus de procès.

Chaque fascicule séparé 0.75, franco 0.85.
● Les 12 fascicules réunis en un volume broché 6 francs.

## CODE DES CHEMINS DE FER

1. Voyageurs : place, portière, retards, accidents.
2. Bagages : déclarations, perte, avarie.
3. Transport de marchandises : tarifs, indemnité.

Chaque fascicule séparé 0.75, franco 0.85.
● Les 3 fascicules réunis en un volume broché 2 francs.

## CODE DU TRAVAIL (Patrons et Ouvriers)

Travail : patrons, ouvriers, tâcherons, grèves.
Accidents du travail : calcul de la rente, etc.
● Les 2 fascicules réunis en un volume broché 1.50

## AUTRES CODES USUELS

Code de la Pêche : lignes, drogues, appâts, grenouilles. . . . . 0.75
Code de la Bourse : piège, comptes, liquidation . . . . . . 0.75
Code-tarif des notaires : responsabilités . . . . . . . . . 0.75
Code des Métiers : bouchers, boulangers, coiffeurs, photogr, etc. 0.75
Code des Saisies : comment les éviter . . . . . . . . . 0.75
Code de l'Assistance judiciaire : ordre, référé. . . . . . . 0.75

Code de l'hôtelier, restaurateur et Cafetier : 1.50

« ÉDITIONS & LIBRAIRIE », E. CHIRON, Ed., 40, rue de Seine, Paris-6ᵉ.

# TEXTE OFFICIEL

## ET

# COMMENTAIRES DES LOIS

## LOYERS

**Texte officiel de la loi du 9 mars**, suivi des circulaires ministérielles relatives à son application et du texte des lois des 4 janvier 1919, 23 octobre 1919, 26 octobre 1919 (Baux d'immeubles dans les *pays envahis*), 3 novembre 1919 (Baux des *fermiers et métayers*) . . . . . . . . . . . . . . **1.00**

*Franco :* 1.20

**La loi des loyers à la portée de tous**, par SOULIÉ et GARDÉS, le commentaire le plus clair et le plus complet de la loi sur les loyers . . . . . . . . . . . . . . . . . . . **3.00**

*Franco :* **3.30**

**L'interprétation de la loi des loyers par la Cour de Cassation**, par TORAU - BAYLE, avocat à la Cour d'Appel de Paris. Recueil des arrêts faisant désormais jurisprudence en matière de loyers. . . . . . . . . . . . . . . . **2.50**

*Franco :* **2.65**

## PENSIONS MILITAIRES

**Texte officiel de la loi du 31 mars 1919**, suivi des tableaux annexes et du décret d'administration publique du 2 septembre 1919 . . . . . . . . . . . . . . . . **1.00**

*Franco :* 1.20

**La loi des pensions militaires à la portée de tous**, par le Capitaine LABAU et J. SOULIÉ, le commentaire explicatif le plus clair de la loi des pensions militaires, suivi de 12 modèles de demandes concernant tous les cas (militaires, veuves, ascendants, etc.) . . . . . . . . . . . . . . . . **3.00**

*Franco :* **3.30**

**Barème pour la classification des infirmités** en vue de la concession des pensions militaires accordées par la loi du 31 mars 1919, texte officiel du décret du 29 mai 1919.   **1.50**

*Franco :* 1.65

## DOMMAGES DE GUERRE

**Texte officiel de la loi du 17 avril 1919 sur la réparation des dommages de guerre**, suivi du règlement d'administration publique du 2 juin 1919 . . . . . . . . . . **1.00**

*Franco :* 1.20

## "EDITIONS & LIBRAIRIE"

### E. CHIRON, Éditeur, 40, Rue de Seine, PARIS (VIᵉ)